엄마는 그랬단다

엄마는 그랬단다

나의 두 딸에게
엄마의 생각을 보여 주고 싶다

| 전영순 시집 |

언제 어른이 될지 모르겠고 도대체 무슨 생각을 하고 사는지 모르는 엄마
40년이 넘어 누렇게 변한 일기장을 공개하고
오롯이 나에게 충분한 즐거움을 만끽하려고 한다
나의 딸들은 그냥 웃어 주길 바랄 뿐이다

도서출판 천우

시인의 말

오늘도 나는 여전히 외롭고 서럽다고
오는 사람 가는 사람마다
붙잡고 위로 받고 싶어서 안달이다

이 나이 되어보니 더 그런다

그런 날 쌓이더니
쓸데없는 말도 모래성처럼 쌓인다

하루를 반성하면
어김없이 그 하루를 응원해주던
나의 분신 일기장

내겐 더 강한 응원과 파이팅이 필요하고
쓰다 보니 아픔이 우선이다

그래서 내 힘도 채우고 함께 동행할 수 있는
기록을 찾아 정리하고자
영혼의 창(窓)을 활짝 열었다

2022년 12월

전영숙

제1부

이만큼 서서

제2부

어머니

제3부

혼잣말

제4부

우리는

제1부

이만큼 서서

꽃

산고보다 더 커다란
진통 치르고 난 뒤
오롯이 떠오르는 이름 하나
꺼내어 시름을 달래봅니다

오랫동안 묵은 시름까지
잊어버리기 위하여
따가운 눈길 받으며
순간의 행복 언저리에
포옥 안겨봅니다

모든 생동이 사라지고
고뇌에 일그러진 얼굴
점점 더 초라해져 가는
숙명의 깊은 고리

남은 삶의 질곡이 짧을지라도
가리지 않고 아무 곳에서나
숨 쉴 수 있는 야생초 같은
슬픈 이름입니다

연가

빛바랜 희미한 추억
꽃잎처럼 지던 날
사라져버린 모든 발자국들
두 눈에 맺혀옵니다

젖고 젖어 시든 아픔 뒤에
아린 고통은 다시 또
되살아나고

울어, 울어서
다져진 마음속
들키어 겸연쩍고
뜨겁던 심장의 고동소리
애꿎은 옷깃만 여미고
또 여밉니다

길

보이지 않아도
묵묵히 걷고 있지

온 세상 전부를 등에 지고
쓰라린 배반과 어설픈
실수까지도 동행하며

먼 산 너머 험난한 길에서
정열의 장미 빛 향기 기대하며

끝없는 그 길 걷고 또 걸어가고 있지

아프면서도 누군가를 갈망하며
홀로 설 수 없다고 울며 매달려도 보고
멈출 수 없는 길, 안개처럼 보이지 않아도
하늘이 시키는 대로
주어진 나의 길 가고 있다

빈 유월 채우라고

비가 옵니다
무심으로 깊어가는 산중
이름 없는 비목 앞에
주저 없이 쏟아져 내립니다

새가 노래합니다
가지마다 깨우며
이슬 같은 소쩍새
밤이 지나도록 노래합니다

6월이 옵니다
헝클어진 마음
아물지 못한 영혼
켜켜이 맺힌 6월
알알이 영글어 갑니다

떠나가려던 날
차마 가지 못하고
멈칫대더니 다시
되돌아옵니다

얼룩진 다섯 달마저
빈 유월 채우려고
사무친 그대 이름
사이사이로 비가
후드득 떨어집니다

달맞이꽃 1

처연한 달빛
유난히 창백하고

수수하게
참한 얼굴
나만 바라보니

애타게 오르는
그대 같은 달님
그림자 되어 숨겨주네

달맞이꽃 2

날은 맑아 좋더니
해님은 인정도 없고

남은 달
달을 닮은 나
우린 서로를 안는다

켜켜이 쌓인 정
이슬 보낸 아침
재잘대며 시끄럽다

기러기

해 질 무렵 서녘 하늘 가르며
줄지어 날고 있는 한 무리
서연한 기러기 떼
멍하니 쳐다보고 있노라니

내 친구 옥이 얼굴
하늘거리는 긴 머리
꽃미소 생각이 난다

되돌아올 수 없는
어느 곳에서 하늘 반쪽
노을은 빨갛게 타오르고
있을까

아!
길을 간다는 것은
날갯짓처럼 퍼덕이며
힘겹게 사는 것

배워서 안다면
통곡하면서 안다면
달빛에 젖어서라도
끝없이 날고 싶다.

휴식

지치도록 허덕이던
자갈 깊은 도랑
이젠
황금빛이다

호사스러운 시간은
돌아보니 빈손이고
꽃 이불 같던 청춘,
줏대 없는 낙엽으로 간다

찾아드는
처마 밑 어둠은
나란히 누운 베개 밑으로
어느새 이별은
내 곁이다

가을 여행

뒷마루에 가을 잎
하나 남겨 놓았어요

앞마당엔 빨간
고추도 널어놓았어요

올올이 엮은 곶감
제 손님에게
맛보이세요

추수 끝난
텅 빈 길
휘적대가 올려 본 하늘
남겨 둔 홍시
내 맘까지 멈추게 할 줄은

그래도
떠나가는 기차는
타고 싶네요

이만큼 서서

수많은 불면의 밤
잠 못 들고 뒤척이다
오직 한 생각으로
지금까지 왔습니다

그저 바라보는 마음
만약 내가 먼저
눈을 감아 버려도
그리움은 그대로인데

달려가면
그만큼 멀어질까
온몸 사루며

녹아내린 가슴
재가 되더라

이만큼에 서서
모질도록 참고
또 참으며 기다립니다

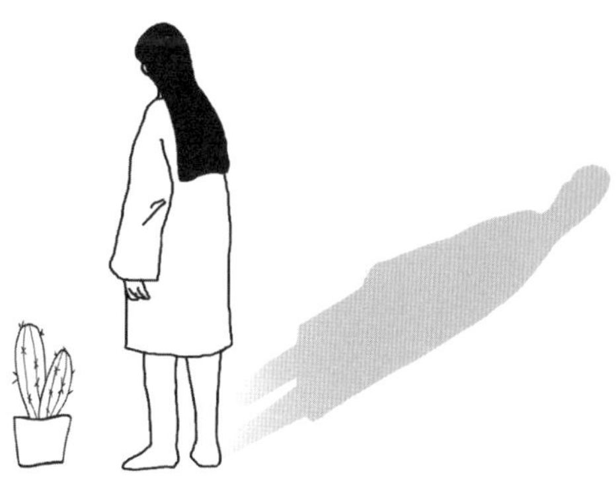

제2부

어머니

가을

여름과 가을 사이
내가 잠든 사이
코스모스 피었나 보다

두 손바닥으로 가리고
손끝으로 스치며 산책하던 길

현란한 몸짓
연분홍 옷 차려입고
노란 빨강 고깔 쓰고
하늘하늘 유혹의 광란

서리 맞은 어린잎 몸 사리며
하늘이 높아도 품에 있고
들판은 넓어도 안을 수 있는데

당신은 미련이 남아 있어도
그 자리 머물 수 없네요

철따라 변화무쌍한 사연
실타래에 다시 감은들
이내 쓸쓸한 가을은
겨울만큼 홀로 춥습니다

서리 내리면

펄펄 날던 잎들
심기가 꼬였나 봐요
회색으로 보여요

타들어 가는 갈증
사로잡힌 욕망은
혼탁한 검은 연기 되어
허공으로 사라지고
해 잡고 서둘러도
줄지 않는 상념

긴 잠 깨어 나가보니
찬바람 언 아침
문고리에 걸렸네요

첫눈

천상의 하늘에서
보드라운 살갗 위로
하얀 꿈을 심으며
새초롬 파 놓은
볼우물 속
꽃 닮은 눈송이

고이게 놓고
숨도 없이 안겨들더니

눈부신 빛을 이유로
온 세상 하얗게 잉태시킨다

어머니

당신이 부르는 소리
외면하고 바쁜 척
늘 그랬었는데

당신은 홀연히
있는 힘 다하여
붙잡으려 했는데
매정하게 뿌리치네요

허전한 내 모습
당신 같아질 때
나는 묻습니다

당신이 하는 말
듣기는 했는지

이제 두 번 다시
안을 수도 없지만
눈 뜨면 사라지는 꿈일지라도
보고 싶습니다

어제 밤 꿈속
발 동동대며 뒤따라갔는데
힐끗 보고 다시 멀어지는
당신 모습에

울다 깬 내 얼굴
슬픈 밉상입니다

내 어머니

헐레벌떡 뛰어가니
뭔가를 삼키고 꿀꺽
얼굴엔 핏기 없고

순간 놓치니
영원한 이별이란다

입가에 미소 멈추고
웃음기 많은 얼굴은 얼음 같고
하늘 보듯 두 눈 가지런히
멀어져가는 순간 순간들

사랑해
미안해
고마워

담배는 챙기셨나
마지막 커피
손때 묻은 동전 지갑은

알았어 엄마
그만 울게
아버지 만나고 싶다고

밥상은 차리지 말고
잔소리 더하고
예쁜 옷 차려입고
마실도 다니고

그래 그래
그럼 진짜 보내드릴게
안녕, Good bye.

하늘 가는 길

깨진 어둠 사이
따갑게 동공 찌르며
처연한 아침이 옵니다

니나노
꽃피리 소리
필리리 필리리
공허하게 한낮 달리던
청춘도 갑니다

축 처진 젖무덤 사이
품었던 자식
기러기 되어 날고
덕지덕지 붙은 사연
가슴에 품고 갑니다

세풍에
흰머리 하염없이 날리고
가까이서 들리는
당신의 부름
승천하는 가마 타고
당신을 문안합니다

황혼

굶주린 금수의 울음
빈들을 떠돈다

저녁 까치
밤안개를 가른다

놀던 해
옷깃을 채운 지 오래

오르던 대지의 체온
바다로 옮겨 앉는다

아장대던 먼 걸음
황급히 지팡이 찾는다

후회

다시 울지 않으려고
굳은 결심을 하지만
한 번 더
속울음을 삼킨다

타들어가는
입술을 깨물며
머리를 잡고 흔들어도

오로지
보이는 것은
미로 같은 쓸쓸함

사방을 둘러보아도
영원히 타인 같은
빈 들녘의 허수아비처럼

둘 곳 없는 마음자리
쓰라리고 허허롭다

동행

하늘엔 구름 골 깊고

앞선 내 어깨
뒤선 걸음마저
말없이 이끌어주네

누가 있으려나

한걸음 더 딛고 일어서면
노곤하여
멈추었을 텐데
남은 발자국들
꽃신 건네주네

고추장

솜뭉치처럼 무겁게 들고 온 빠알간 통
친구는 좋겠다.
시어머니 친정어머니 두 분 사랑 담긴
고추장 담아주시니

덕분에 맛있는 고추장 먹는다

나는 두 분 어머니가 하늘 여행 떠나셨으니
우리 집 고추장통은 비어 있다
여러 번 구입해 보아도
엄마 손맛 닮은 그 맛은 찾을 수 없네
빈 통일지라도
좋으니까
제발 엄마만 한 번
내게로 왔으면 좋겠다
고추장 그리움처럼

딸의 손

딸 손 잡아보니
걷잡을 수 없는
눈물이 난다

꽃다운 28살 아리따운 두 손
오늘따라 거칠다

좋은 직장 제대로 다니고 있겠지
하는 마음인데
고달픈 일상이 엿보인다

손 씻고 보습 크림 보호 장갑
이런 예쁜 짓 할 수 없는 내 딸

한참을 생각에 잠긴다
손 때문에 울지 말자
더 따뜻한 사랑으로 안아주자

다행이다, 아주 많이
살아가는 동안 너를
지켜줄 수 있는

내가 너의 엄마니까

제3부

혼잣말

주일

창가로 바싹 다가서 등을 햇살 아래로 둔다.
책 한 권을 든다
내게 위로가 되고
가까운 친구에게 보내고 싶은 글이 보인다
마음이 아프다고 한숨이 나오면 꼭 하루씩 살자고,
그러다 몸까지 아프면 한순간씩만 살기로 하자

— 이해인 수녀님, 「어떤 결심」 중

우리 오빠

나의 피부 속으로
찬 기운이 스며드는
동반된 슬픔
아린 곳을 스쳐도
더 아파 고개를 돌리는데
잘 크고 잘 익은 홍시의 유혹

달다!
친정집 감나무
달달한 홍시를 먹는 이 밤
언 손으로 살포시 건네는
잘 익은 감 홍시

가을은 떠나는 손짓을 하고
누가 저 감나무 감을 따려는지
까치가 실컷 놀다 간 자리
떠난 자리에 그리운 오빠가 보인다

홍시 좋아하는 엄마 챙기고
영혼 빠져 울보 된 나 살피고
소리 없이 떠나가네

산

오르다 멈추고
그렇게 갈등하고 올라왔다.
다양한 걸음에 섞여
밟는 나뭇잎 소리에 위로받고
흐르는 물소리 기운을 얻는다

하늘이 가까이서 웃음 짓고
손 뻗으면 닿는 산등성
냉큼 친한 척 빙그레 웃는다

둘러멘 가방은 저 혼자 뒹굴뒹굴
힘겹던 오르막길
이마의 땀방울 송글송글

바람이 쓸고 간 자리
마음은 꼭 두고 가라 하네

엄마에게

다시 만날 때가 되었는데
오늘도 볼 수 없는 당신
아무리 바빠도 찬바람 불면
아침저녁 안부를 전하고 했건만
갑자기 누른 손 전화 습관이 되었나 봐

앞으로 얼마나 더 견디어야
기존의 습관이 바뀔까

온몸의 피를 다 내보내고
새로 바꾸면 생각도 달라질까
대견하게 성공한 딸처럼 생활할 수 있을까

내 몸에 성긴 구멍이 너무 많아
오른쪽 옆구리 왼쪽 옆구리
그리고 왼쪽 가슴
그래도 숨 쉬고 있네

토닥토닥 잘 자고 잘 먹고
괜찮다고 위로하고 달래어도
목구멍에서 아랫배까지
깊은 곳 위장도 너무 아프고
고통스럽다

밤마다 멍한 눈 크게 뜨고
찾으려 애를 써도
찾을 수도 없는 당신 모습

그리운 그 얼굴 두 번 다시
언약할 수 없는
이별 앞에 섰다

그리운 엄마
머지않아 생신이네요
하늘만큼 보고 싶어요.

혼잣말

몇 층에 살아야 계단에 적응하여
오르고 내려가는 게 쉽고,
고르게 숨 쉬며 걸을 수 있을까?

등급과 분류 속에 넣지 않고 일반적인 삶을 살게 하려고 얼마나 애를 태웠는지
어제 딸과 함께 오르고 딸아이를 놓고 내려온 3층
그 짧고 낮은 계단은 내 삶이 180도로 돌아가 버렸음을 깨달았다

내 마음은 이미 알아, 눈엔 딱 두 방울의 눈물이 흐른다.
바람도 시작 바람 짧게 울고 찬바람에 정신을 바짝 차린다.
돈 엄마는 다시 돌아서 제자리로.

"내가 왜 가냐고" 하는 복지관에 이유에 맞지 않은
설득으로 달래고 협박으로 윽박지르고
6개월부터 다시 또 초등학교부터 엄마인 나의 정성과 교육방법으로 포기하지만 않으면 일반인으로 작은 가정과 작은 지역사회 구성원은 될 것 같았는데, 사회에 귀속되지 않아도 가정의 울타리 안에서

가족으로 사는 게 별 게 아니라 유유히 온유하게 키우고 살면 되고 잘 키워주면 되는 줄 알았는데, 갈수록 모녀지간의 정마저도 버리고 자기만의 시간으로, 생각으로 들어가 소통이 어려워지더니 결국 도태! 퇴보! 고착화! 라는 품행이 나타난다.

그 깜깜한 현상 앞에서 나는 엄마로서의 남겨뒀던
자존심도, 용기마저도 버리고 모두 다 내려놓았다.
어디서부터 다시 시작해야 할지?

두드렸다!
필사적인 각오를 하고,
(...장애인복지관!)
어제와 오늘 내일
아이가 적응해간다.

그 적응이 엄마인 나는 슬프다
숙면? 그 휴식으로 들어갈 수가 없고
한 올의 실오라기 같은
소원이 생긴다.

나를 위로하러 오시는 주님이 가까이 느껴진다.
이 시간이면 늘 깨우려고 어루만져주신 그분!
(나의 등 뒤에서 나를 도우시는 주!)
주님! 아시지요?

비어있어 채우기에 너무 쉬운 그 아이들을 채워주세요!
복지의 복은 행복할 복, 딸아
새해 복 많이 받으렴 그리고 행복하렴

— 엄마는 대화가 잘 안 통하는
너에게 수시로 중얼중얼 습관이다

연인

나 요즘 들어
왜 자꾸 실실대지

서로 하나 되어
방실방실
마주 보고 있네.

형부의 편지

처제에게
완전 고아가 되었어도 꿋꿋하게 그 꿈
이루어 나가는 모습이 고맙고 자랑스러워

가로등 불빛 아래로 흐르는
눈송이 모양 희게 빛나서
탐스러운 꽃송이가 되어있네.

가로등 꽃대 하나 꺾어
장한 처제에게 축하 꽃
한 송이 선물할게

하늘에서도 세 분 다 평온한 일상을 누릴 거니까
이런 축복을 내려 주신 것이니
더없이 좋은 선물이겠지.

형부 노릇 제대로 한 것도
없는데 생각해 주고
어른 대우해 주는 처제 마음
머쓱하고 겸연쩍지만
기분은 좋네.

하나 남은 과제
그것만 술술 강물처럼
해결되리라 믿어
모든 일 긍정적으로
결실을 맺기 기원할게.

— 새벽 눈 속에서 형부가
신참 박사님께 보내는 축하와 위로의 편지

퇴직하는 날

입술로 뱉은 약속도 약속이련만
허공 속에 떠돈다고 아닌 듯 무심하다.

연약한 모습 마지막 남은 줄을 잘 잡고 버티면 "잘했다"라고
칭찬받을 줄 알았건만 씁쓸하다

오래 전 세상을 떠나신 엄마 아버지도 나보면 장하다

이제는 '그만두고 싶다'라고 생각한 날
난 멍하게 어둠과 오랜 시간 함께했다.

내가 좋아서 청춘을 다했던 14년의 세월
빠르게 변화하는 이 시대에 맞지 않은 보수를
유지하려고 많이도 노력하며, 외로운 길 걸었는데

굳은 의지로 버티던 힘은 약해졌고 나만의 교육방법과
철학적 가치는 넘나드는 변덕에 방향을 잃었다.
변화시킬 수 없으면 내가 변해 보려고도 했다.

그러나 그것만으로는 교육적 가치를 지키며 운영하기에는 어려움이 많았다.

사회적 이론에 합리적 합의와 교육현장에서 옳고
그름은 누가 판단하는가? 라는 의문이 들 때,
그들의 이론적 모의와 교육목표에 동의할 수 없었다.
가깝고도 먼 세대의 간격차를 넘나들기엔 내 인내와
능력에 한계가 느껴진 때이다.

내 안에 내가 없어진 것 같았다. 그래서 당당하게 퇴직한다!

여름휴가

살을 파고드는 뜨거운 여름 열기
뜨거운 태양은 작열하다 못해 눈부시고
몽글몽글한 구름이 하늘과 산들마다 넘나드는
내 고향 모임 가까워지는 날

어느 곳을 봐도 익숙하다
그러나 그 익숙한 곳에 하나 보이지 않는 게 있다
아, 엄마다!

계절이 여러 번 바뀌고 아침저녁
온도가 확연히 차이가 나도
내 머릿속은 아직도 엄마 모습 가득 차오른다
가는 곳마다 엄마의 흔적 눈물샘 터진다

다시 오는 여름에 올 수 있으려나
고향 친구 초대는 이제 반갑게 달려갈 수 없을 것 같다

가로등도 잠든 외진 길 무섭지도 두렵지도 않고
울컥 토하는 가슴 누르고 멀어져간다

부르면 대답할 것 같은데
어느 곳에도 내 살던 집 그곳에 계신 엄마는
대답 없다

그렇게 서러운 그해 여름이 처연히 떠나가고 있다

가을 낮잠

마당엔 빨간 고추 꾸덕꾸덕
허술하게 뚫린 벽돌 담장
들깨 참깨 털어낸 빈 자루
나란히 기대어 쉬고

짬 내어 친정에 들어선
아이 같은 나는
여기저기 엄마 찾다 두리번거린다

가을볕은 짧고
붉게만 타는데
울 엄마 보이지 않는다.

뒷문 빼꼼 열고 들어서니
내 오라버니
무심히
너도 왔냐 한다

또 묻는다
근방에 일 보러 왔다
동생 못 보고
가나 했던 물음이 쟁쟁하다

나는
혼자 있기 싫다 한다
서울 가면 너랑 있어 준다는
약속을 하면서
장난스레 웃는다

난 선잠에서 깨고
그만 통곡을 했다.

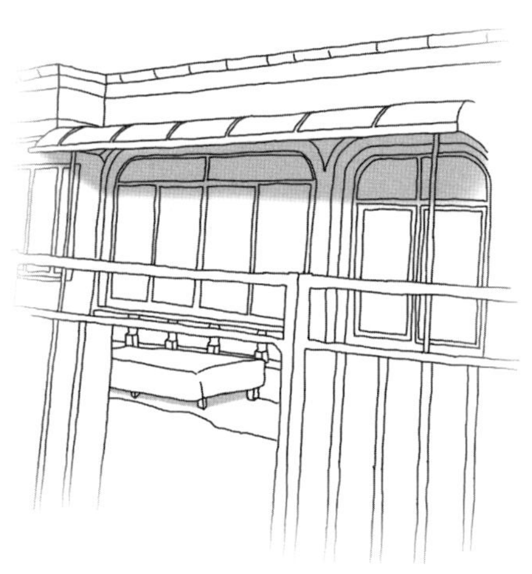

그날이 다시 오면

그 해~~~꼭! 이맘때쯤
시집간 딸 밥 먹으러 오라고 몇 번씩 재촉하던 엄마의 전화
그 벨 소리도 귀찮다 하며 "피곤해 그냥 쉴게요"

통화도 귀찮아 문자로 보내고, 그런 내게 엄마가 화나서 가셨나?
별의별 생각이 다시 찾아드는 날

그해 추석날 엄마는 모처럼 휴일 날
편히 쉬라고 동생 집 며칠 다녀오겠다며
작은 가방 챙겨 휘적휘적 떠나셨다

그러다 일주일 만에 응급실에서 마주한 엄마
형색 하나 흐트러지지 않고 맑은 정신으로
도란도란 수다스럽게 놀았다

밥 먹고 커피도 마시고 동서남북 온갖 얘기로 티격태격
계속 그렇게 계실 줄 알았다.

그러나 엄마는 "점심은 밥 좀 다오" 하시더니
몇 순갈 못 넘기시고
찰나의 그 순간 영원히 떠나셨다

울엄마 냄새 맡고 싶다
울엄마 얼굴 만지고 싶다

2015년 음력 8월 15일
오늘이라면 전화벨 소리가 울리기 전 달려갈 텐데
엄마~~ "밥 먹으러 왔어요" 하고 먹을 수 없는 엄마의 밥상
그 밥상을 닮은 저녁을 오늘 내 딸들에게 먹이고 싶다.

딸에게 먹이고 싶은 밥상을 정성껏 차렸다.
안 들어온다. 어제도 그랬지!

나도 엄마가 차려주는 저녁
밥상머리에 추억처럼 앉고 싶다.

제4부

우리는

하늘은

맑고 푸른 하늘은
눈부시게 하더니
비 갠 하늘
모두 다 보여준다

보이다
안 보이다

그래도 자꾸만 구름길 사이
나는 또 하염없이 따라간다

가쁜 듯 몰아쉬고
그대 품에 풍덩
한 걸음 더 다가서니
속절없이 먼저 간다

이별

날은 춥다는데
난 덥다

입도 다물고
마음도 싸매고
그래서
덥다

벌써 여름이

아직 준비 안 했는데
저만치 간다

부랴부랴
뒤따라 나선다

호미도 사야하고
가을 곡식도 뿌려야 한다

다 자란 토란대
어찌하나

천지 사방이 일거리
몸보다 마음이 앞장선다

중천 해
쉬엄쉬엄 붙잡더니

산 중간에 걸친 해
고랑 따라 어둠 끌고 온다

봄부터 울렁대던 젖가슴
아장 걷는 자식 앞에
힘없이 가라앉네

뭐하러 애태웠나
혼자서 잘도 걷는데

벌써 여름이네
그늘도 시원하고
바람은 멀리도 간다

단비

꽃단장하고 나선 길
한두 방울 뚝뚝
내 이쁨 흩트러질까

잠시
망설였지
어쩌나
집으로 갈까

우산을 쓰고도
총총
안 쓴 나도
총총
비가 뛰니
나도 달린다

이마 타고
입술 닿아도
달다 이 빗방울

우리는

소리 없는 미소
오고 간다

무겁고 거친 세상
모든 풍파
우리 곁을 스친다

시간은 멈추고
호흡은 정리가 안 된다
동공 속으로
너와 내가 고인다

향기도 가시도 없이
우리는 부지런히
꽃 피웠다

편지

보고 싶은 친구에게

마음은 항상 내 곁을 날고 있어도
실제로는 오지 못하는 너의 심정
나는
이해할 수 있어

하지만
내가 그런 말을 했다기로서니
답장도 안 해주고
섭섭하고 속상하다

그러나
나는 니가 아무리 보고 싶어도
왜 괴롭게 하는지
되묻고 싶지만
편지는 절대 쓰지 않을 거라고
다짐을 했는데

기다리고 기다렸던 편지가 왔다
무척 반가웠다
하루 종일 기분 좋은 날.

장마

6월은 바람둥이다

구름 뒤에 놀다가 반짝
뜨거운 볕도 옹골지게 품는다
그러다
마른 천둥소리로 사방을 깨우고
해가 번쩍 나오면
훌훌 벗고 풍덩거린다

6월은 변덕스럽다

바람 불면 날개도 주고
비 내리면 꽃잎도 안아준다
구름 뒤에 숨어 놀다가도
싫증나면
소나기로 패대기친다

6월은 한량이다

배꼽 내민 태양은 등에 업고
뜨끈뜨끈 정수리에 쐐기 박고
꼽꼽한 겨드랑이 툴툴 털어내고
수줍은 채송화
꽃단장을 서두른다
까불대던 개울 내
쉬고 있던 사연 깨워
큰 물가로 끌고 간다

불면증

잠깐 보러 간 구름
떠나려다 멈춘 노을
지우지 못한 흐린 어둠
멈추지 않은 의식
아직도 오늘이다

아침 창엔
흐린 하늘
낮엔
포근한 구름
어른거린다

편하게 찾아드는
저녁 기운
집안에 들이대고
급하게 훑고 간다

어둠 속에 있는 나
그냥 두면 좋으련만
그만 자라고 달래도

두 눈은 억지로 떠보니
얼마나 고집쟁이인지
도대체 잠에 지지 않네

밤 편지

밤을 씻어 내려는지
사정없이 내리치던 비도 그치고
구름 속에서 노란 미소를 가진 아기 달
하늘 전체를 은은하게 빛내고 있어

이 세상에 숨 쉬고 있는 생명, 나밖에 없고
외로움인지 무서움인지 모르는
어떤 마음 스믈스믈 기어 들어오고
밤은 깊은데 잠은 안 온다

한참 꿈나라에 가고 있을
너에게
한없이 달려가는 나의 마음
무슨 내숭인지
나만 알던 내 사랑에 감동되어
숨겨놓기에는 너무 아쉬워
이렇게 쓰는데

너무 보고 싶네

목이 마르네
눈물도 흐르네
이 눈물 너의 볼을 적실지도 몰라
편지보다 먼저 도착했으니

수학여행

그리기도 어려운 동그란 얼굴
맑고 높은 하늘
새까만 도화지에 그려져 있다

너무나 환하고 예뻐서
몰래 하는 짓을 마당에 옮겨 본다
히힝 못생겨서
웃는다

내일 보자
하굣길에 마주친
수학여행 다녀온 선배들
얼마나 악을 쓰고 놀았는지
쉰 소리 차창으로 새 나온다

나도 모르게 신이 나서
손을 흔들었고
내년엔
저 버스를 탈 수 있겠지
생각하니
자꾸 헛웃음 난다

개학

가방도 가벼운데
등교는 반에서 꼴찌다

문을 열고 들어가니
모든 시선이 집중된다
밥 씹는 표정하고
그냥 툭 앉았다
선생님 기다린다

잘 있었냐
친구들 인사
대답하기 귀찮다
새 학기가 걱정이다

갈 곳도 없고
엄마한테 혼나기는 싫으니
버텨야 한다
자! 오늘부터 시작이다

청춘이 감정변화와 생각, 장난이 심했던 시절을 보내면서 끼적이던 글과

끔찍이도 사랑해 주신 친정 부모님과 친정 오빠를 3년 동안 먼 곳으로 보내고

정신 줄도 놓고 미소와 얼굴 힘도 잃은 채

눈물로 보내던 시간,

그 이별의 시간을 되새김하면서 보고 싶을 때마다 형식 없이 적은 글이다.

아파서 온몸이 어그러진 상태였다.

그 시간을 버티어내려고 엄마 핸드폰에 쓴 글을

다시 보기로 했다.

아무것도 안 해도 혼자 잘도 가는 시간 그 시간 속에서

사랑하는 사람과의 이별은

아무리 잘 준비해도 어렵고 아팠다.

나는 겪었다.

그리고 얼굴 보고 사는 동안 표현하지 못한 나의 속마음

이제라도 엄마에게 전달되어서

사시는 동안 힘겨웠던 마음 편히 내려놓으시고

하늘길 편히 날다 가시길 바라는 마음이 크다.

● 위로의 글 1

시는 기억 속에서 감정을 생겨나게 하고 정서로서 공감할 수 있게 한다. 전영순 대표의 시 전편에는 시골에서 추억 하나쯤 가지고 있는 사람들에게 같은 마음, 같은 그리움을 떠올리게 하는 장면들이 있다.

어느 시골의 정겨운 일상들, 뒷마루, 처마 밑 어두움, 고랑에 쌓이는 계절들, 코스모스 피어 있는 들녘, 추위가 찾아들면 걸어 닫는 문고리 등이 메마른 도시 한가운데 펼쳐진다. 그리운 이름과 얼굴, 함께했던 순간들도 추억으로 소환된다.

그의 인생 여정은 '길'에서는 가시밭길로 읽힌다. 사랑이 너무나 기쁨에 겨워 모든 반대와 어려움을 견뎌내고 선택했지만, 그 순간 이후부터는 가시밭길이 펼쳐졌던 것일까? 그 가시밭길, 외롭고 가슴 아팠던 길을 꽃에 기대어 가고 있었다. 꽃은 영원하지 않을지라도 순간순간 향기와 빛깔로 위로와 용기를 주었다. 그래서 외로움과 고통을 견디는 방편으로 꽃을 친구삼아 원예로 치유하는 일도 한다. 꽃이 진다고 그만두는 것이 아니라 아프면서도 힘들어도 '보이지 않아도 가고 있지'라고 말한다.

그의 외로운 삶은 현재 진행형이고 미래를 향해 가고 있다. '아프면서도 누군가 갈망하며 혼자 설 수 없다'고 신앙고백처럼 함께 하자고 손을 내민다. 아픈 손

가락처럼, 십자가처럼 매달린 큰딸? 혹은 인생을 등에 업고 돌아보며 손을 내민다. 함께 가자고 다짐하며 보이지 않았던 그 길을 씩씩하게 지나왔다.

그는 시를 통하여 시공을 초월한 소통을 시도한다. 그 소통의 중심에는 항상 사람이 있다. '가을 낮잠'을 통해 시골집 마당에 들어서면서 그리운 엄마와 오빠와 소통을 한다. '고추장' 한 통으로 고추장보다 더 그리운 사람들과의 추억으로 소통한다. 이별로 인한 부재가 결핍이 아닌 사랑인 것을 그리움을 통해 깨달아가며 진짜 이별을 하는 것인지도 모른다.

'후회'에서 현재 삶의 실체에 대한 인정과 '동행'에서 새 신을 건네주는 누군가의 인도하심을 따르려는 신앙고백으로 이제는 그리워했던 사람들에게 '사랑해. 미안해. 고마워'라고 말한다. 이것이 시집을 출간하게 된 이유가 아닐까?

전영순 대표는 외로워하는 사람이다. 그는 외로움에 매몰되지 않고, 지나간 시절의 그리운 사람들, 부모, 형제, 친구들의 이름 속에서 기억을 더듬어 내고 묻어나온 감정들을 자기 삶의 자리에 불러내어 소통하고자 말을 걸었다.

그는 사람을 통해 자신의 임무를 찾고 비전을 향해 나간다. 누군가를 갈망하고 그리워하면서 외로움을 토로하는 것은 자신을 다독이며 힘차게 앞으로 내딛는 원동력이 된다. '동행'에서 앞선 내 어깨는 뒤선 내 걸음을 말없이 끌어 주네'라고 한 것처럼 씩씩하고 당당하게 아름다운 길을 가리라.

— 곽미숙 (사)남북 차문화교류 협의회 회장

하늘이 깨질 것처럼 맑은 가을 날,
계절 따라 마음도 따라 사계절을 함께 하며
때로는 오후의 잔잔한 피아노의 선율 같은 느낌으로
어느 날엔 가슴팍에 숨겨놓은 깊은 슬픔을 어루만져 보는...
엄마의 마음인가보다.
"엄마는 그랬다... 어찌 어찌하다 보니...!"

산고보다 더
큰 진통 치르고
오직 이름 하나 얻어
달래어 봅니다

꽃으로 피어나기 위해 감내해야할 고통 환희를 느끼며
단순히 꽃이 아닌 하나의 이름으로 남고 싶은 마음이 아닐까요.

울어,
되직해진 마음속은
들키어 수줍고
뜨겁던 가슴팍은
옷깃만 여미고
또 여밉니다

사랑하는 그대를 부르다 부르다 들킬까 수줍음에 화들짝 놀라 다시 한 번 마음의 옷깃을 여미는 엄마의 설레던 소녀 감성에 추억의 영사기를 돌려 보았습니다.

긴 잠자다 나가보니
찬바람 언 아침이
문고리에 걸렸네요

겨울이 밤사이 성큼성큼 내려와 문고리에 다녀간 흔적을 남겨 놓았네요.

아장대던 먼 걸음이
황급히 지팡이를 찾는다

아장대던 어린아이는 유수 같은 세월에 몸을 맡기며 황금 빛 지팡이에 기대어 바라보는 노년의 하늘은 어떨까요.

한 편 한 편의 주옥같은 다경 전영순 시인님의 마음을 담아보는 뜻 깊고 고마운 시간이었으며 차고 넘치는 감성을 덩달아 함께 산책해 보았습니다.

양 갈래 댕기머리 소녀의 흔들리는 여린 감성에 설레어 보고 감나무 홍시에 맺힌 사연에 슬픈 그리움에 젖어보며 소녀에서 엄마로 그렇게 흐르는 세월을 보내며 만져보는 딸아이 손…

내 엄마의 손과 딸아이의 손이 교차하며 엄마로서의 삶이 어떠했을지 감히 생각해봅니다.

— 박민서 시인

철저하고도 순결한 삶의 궤적
— 고독과 슬픔을 사랑으로 승화시킨 시의 상징성

김 천 우(문학평론가, (사)세계문인협회 이사장)

1. 시가 인도하는 자아성찰의 수려한 가치관

사랑과 이별 그리고 무채색 그리움의 연가, 다경 전영순 시인의 첫 시집『엄마는 그랬단다』

가을과 겨울사이에 건네받은 시적화자의 울림은 갈증 나는 감성세계를 열어주는 모티브가 되었다. 특히 올해 들어 성큼 서른 살 된 큰딸, 꽃다운 스물세 살 막내딸에게 보내는 연서는 엄마로 시인으로 시공을 뛰어넘어 자신이 어떻게 무엇을 무슨 생각을 가지고 무슨 일을 하고 있는지조차 모를 만큼 정신없이 하루하루를 누에 실처럼 돌돌 풀어가고 있다는 다경 전영순 시인의 일상은 초초 초를 파도타기 같은 삶속에서 어느 날 문득 40여 년 동안 가슴속 깊은 곳에 묻고 살아온 빛바랜 일기장을 세상 밖으로 조심스럽게 내놓았던 것이다.

결코 쉽지 않은 용기는 시인의 단호하면서도 여리디 여린 심성에서 묻어나는 그만의 아련한 파스텔조의 발자취를 '엄마'라는 이름으로 언어의 연금술로 추억의 앤솔로지를 소환하는 데 엄청난 고뇌와 슬픔을 조각하는 연습을 하였던 것 같다. 현재보다 더 어른처럼 미루나무 키처럼 쑥쑥 자라왔던 푸르고 붉은 청춘별곡, 그 시절로 시간여행을 떠나면서 18살 동안 묵묵히 곁에서 지켜준 진솔하고 담백한 글과 의미 깊은 사진을 함께 엮으면서 가슴 뿌듯한 감회에 젖어보고 싶다는 시인의 감성세계는 보물처럼 귀한 딸들에게 함박미소를 선물로 전하고 싶은 마음이 얼마나 간절했을까 생각을 하니 가슴이 뭉클해진다.

만년 소녀처럼 고운 모습을 간직한 시인은 유아교육을 전공하고 교육계에 종사를 하면서 사회복지학 석박사 과정까지 홀로 인고의 세월을 견디면서 자아성찰의 탄탄하고 견고한 자신만의 아성을 쌓고 있었던 것이다.『엄마는 그랬단다』에서 전해주는 마디마디 사랑과 그리움의 정체성이 엄마이기 때문에 더욱더 짙고 깊게 일기장 속에서 성토하는 단호한 메시지에 해설을 쓰면서도 울컥하는 마음자리 가시나무새처럼 글을 해부하는 동안 함께 동고동락을 하고 있다.

다경 전영순 시인의 시집 순서로는 꽃, 연가, 길, 빈 유월 채우라고, 달맞이 꽃 1, 달맞이 꽃 2, 기러기, 휴식 등 서정과 감성 사랑 등등, 각양각색의 화음이 어우러진 시적 울림이 마지막 연까지 숨 가쁘게 채색되고 있어 자신의 섬세하고 순수한 언어 속에 젖어드는 강인한 생명력은 시인의 심정까지 고스란히 대변해 주듯 삶의 한 단면이 다양한 인생의 진리와 현실의 숨 가쁜 쓸쓸함까지도 잘 피력하고 있는 점이 작품을 한층 더 고조시킨다. 첫 번째 시의 향기를 더듬어 본다.

산고보다 더 커다란
진통 치르고 난 뒤
오롯이 떠오르는 이름 하나
꺼내어 시름을 달래봅니다

오랫동안 묵은 시름까지
잊어버리기 위하여
따가운 눈길 받으며
순간의 행복 언저리에
포옥 안겨봅니다

모든 생동이 사라지고
고뇌에 일그러진 얼굴
점점 더 초라해져가는
숙명의 깊은 고리

남은 삶의 질곡이 짧을지라도
가리지 않고 아무 곳에서나
숨 쉴 수 있는 야생초 같은
슬픈 이름입니다

—「꽃」 전문

화자는 「꽃」에서 자신의 영혼을 이입시키고 있다. 산

고보다 더 커다란 진통을 겪은 아픔을 노래하는 비유가 왠지 쓸쓸한 뒷모습을 인지하는 듯 시리고 싸한 느낌마저 든다. 오랫동안 묵은 시름조차 잊어버리고 싶은 마음도 이겨내기에 벅찬 듯 보이는 것은 왜일까. 구구절절 에이는 설움의 덩이, 마지막 연에는 연약하지만 아무 곳에서나 숨 쉴 수 있다는 야생초로 단락을 지우고 있는 점이 화자의 단아하고 견고한 시인정신이다.

다음 시편은 비우고 내려놓는 연습을 하며 방황의 끝으로 매듭을 짓고 있는 듯 초연한 자세마저 고독한 절창을 성토하는 듯 그리움의 길에서 또 하나의 자아를 반추시키고 있다. 시를 이해하려고 하는 것보다 시의 의미를 너무도 잘 알고 있기에 깊은 슬픔까지도 시로 승화시키려는 도도함이 「길」에서 엿보인다.

보이지 않아도
묵묵히 걷고 있지

온 세상 전부를 등에 지고
쓰라린 배반과 어설픈
실수까지도 동행하며

먼 산 너머 험난한 길에서
정열의 장미 빛 향기 기대하며

끝없는 그 길 걷고 또 걷고 있지

아프면서도 누군가를 갈망하며

홀로 설 수 없다고 울며 매달려도 보고
멈출 수 없는 길, 안개처럼 보이지 않아도

하늘이 시키는 대로
주어진 나의 길 가고 있다

—「길」 전문

혹자들은 사계절 중 유독 봄앓이를 하는 사람들을 본다. 생동감 있고 푸른 숲 녹음방초 수려한 봄날의 여정이 찾아오면 절로 숙연해지고 왠지 되살아나는 기쁨 뒤에 찾아오는 소생의 진통을 겪고 있는 것이 아닐까 하는 생각이 든다. 시인의 마음 언저리 한구석에도 여러 가지 상념의 나래가 강물처럼 굽이쳐 흐르고 의식세계가 과거보다 현재와 교차되는 강도의 높낮이가 희망과 불안감을 고조시키는지도 모른다. 다음 시편을 동행하면서 비어있는 생기를 채우고자 하는 화자의 사념 속으로 몰입해본다.

비가 옵니다
무심으로 깊어가는 산중
이름 없는 비목 앞에
주저 없이 쏟아져 내립니다

새가 노래합니다
가지마다 깨우며
이슬 같은 소쩍새
밤이 지나도록 노래합니다

6월이 옵니다
헝클어진 마음
아물지 못한 영혼
켜켜이 맺힌 6월
알알이 영글어 갑니다

떠나가려던 날
차마 가지 못하고
멈칫대더니 다시
되돌아옵니다

얼룩진 다섯 달마저
빈 유월 채우려고
사무친 그대 이름
사이사이로 비가
후드득 떨어집니다

—『빈 유월 채우려고』 전문

이토록 애잔하고 성긴 마음 시인의 심경을 노래하는 언어의 몸짓마다 허공에 손짓하는 유월의 메아리가 하늘가에 번지고 있다는 신호음이다. 잊었다가 다시 되돌려 세우고자 하는 보호본능이 치솟는 시편이다. 그는 분명 치유의 마이더스의 손을 가진 성스러운 영혼을 가진 연금술사다. 봄날의 희망 바이러스를 날려 보내는 여신의 가호를 상기시키려는 것이라 생각한다.

우리네 인생은 스스로 개척하기에는 얼마나 많은 시련이 뒤따르고 감당하여야 할 일들도 엄청난 파장을 일으키고 요동친다는 것을 시인은 너무도 잘 간과하고 있다는 증명이 된다. 누구보다 자연을 사랑하고 인간애를 향한 소박하고 풍요로운 애정을 쏟아내는 그리움의 혼불이 시편마다 뜨겁게 달구고 있다.

간결하고 짧은 글 속에서 문장마다 단락마다 수많은 생각의 차이를 추구하려는 모습들이 독자들에게 큰 반향을 일으키지 않았나 하는 생각마저 들게 한다. 자유서정시를 쓰는 습관이 더욱더 어렵고 함축시키고자 하는 시혼의 정립이 쉽지가 않음에도 시인은 분명한 자신의 빛을 도도하게 발산하고 있다는 점을 주목한다.

처연한 달빛
유난히 창백하고

수수하게
참한 얼굴
나만 바라보니

애타게 오르는
그대 같은 달님
그림자 되어 숨겨주네

—「달맞이꽃 1」 전문

위의 시를 읽어보면 청마 유치환 시인의 「그리움」이라는 시가 떠오른다.

파도야 어쩌란 말이냐
파도야 어쩌란 말이냐

임은 물같이
까딱도 않는데
파도야 어쩌란 말이냐
날 어쩌란 말이냐

청마 시인의 단호한 시편들 가운데 이런 여리고 섬세하고도 유약한 심정을 솔직담백하게 써 내려간 작품이 있다. 다경 전영순 시인의 시세계 또한 누군가를 한없이 갈망하고 그리워하는 영혼의 목마른 갈증의 해탈이 바로 이런 점이 아닌가 싶다. 자신에게 상실되고 있는 안타까운 상흔의 아픔을 간절하게 회복하고자 하는 아름답고도 구슬픈 외침이라 명명하고 싶어진다. 이번 시집의 형태는 보통 시인들의 시선과 판이하게 다른 면면들이 시와 그림 속에서 잘 나타난다. 개성이 짙고 창작력도 뛰어난 시의 결정체가 다방면으로 바라보는 세상 진풍경일 것이다.

2. 철저하고도 순결한 삶의 궤적
— 감성과 미성 지성미와 결합된 세상 바라보기

다경 전영순 시인의 삶을 가만히 들여다보면 외눈박이 물고기처럼 처연하면서도 옹달샘 물처럼 맑은 순정의 사유가 올올이 배여 있다. 살다보면 우리네 인생은 반성과 후회와 미련과 설움의 회한들이 허다하다. 왜 그때는 몰랐을까 까치발하고 기다려도 되지 않았을까 하는 어리석은 생각마저도 만드는 연약한 언어들이 아프게 하고 있다.

그러면서도 그는 허허로움 속에서 강인한 언어의 에너지로 툭 자신을 건져 올리고 있는 점들이 예사롭지 않다. 누구나 공평한 고독이 엄습해 오듯이 누구에게나 아프고 힘들고 울고 싶은 일들이 자신을 에워싸고 있을 때 감당하기 힘든 마음은 시시때때로 폭풍이 지나가듯 자신을 가만두지 않음을 작품으로 전달하고 있는 점들이 시의 모티브가 아닌가 싶다. 만물의 영장인 인간 세상이 얼마나 피폐하고 깊고 넓고 끝없이 펼쳐지는 무한대의 화자들이 활개를 치고 있는지 시인은 이미 잘 알고 있으니 더욱더 시로 승화시키려는 마음자리가 아침 이슬에 날마다 젖고 있는 풀잎처럼 젖어 있는 것이라 생각한다.

해 질 무렵 서녘 하늘 가르며
줄지어 날고 있는 한 무리
서연한 기러기 떼
멍하니 바라보고 있노라니

내 친구 옥이 얼굴
하늘거리는 긴 머리
꽃미소 생각이 난다

되돌아올 수 없는
어느 곳에서 하늘 반쪽
노을은 빨갛게 타오르고
있을까

아!
길을 간다는 것은
날갯짓처럼 퍼덕이며
힘겹게 사는 것

배워서 안다면
통곡하면서 안다면
달빛에 젖어서라도
끝없이 날고 싶다

—「기러기」 전문

사람들은 누구나 사랑에 빠지고 싶고 가슴 설레는 연분홍 그리움이 있을 것이다. 시인의 물빛 언어들을 조심스럽게 조각해보면 짠하고 울컥하는 심정이 짓누르고 있음을 느낀다. 그만큼 시인은 언어로 함축시키려는 숨기고 싶은 슬픔까지도 아프게 하는 시의 자국들이 최면을 걸고 있으니 말이다. 저 마음들이 내 마음이야 저 사연들도 사람들에게서 볼 수 있는 풍경들이라는 것을 잘 알면서도 굳이 마음의 빗장을 걸고 싶어하는 몸부림인지도 모른다.

시인은 누구보다 성품이 온화하고 따뜻한 가슴을 지니고 있는 봄 햇살 같은 사람임에는 틀림이 없다. 그러나 세상은 그를 가만두지 않고 마구 흔들어대고 흠집을 내고 상처를 남기고 있다는 점이 엿보인다. 사람은 감성의 동물이기 때문에 천국과 지옥을 넘나드는 행복과 불행조차 그는 묵묵히 수행자처럼 받아들이려 하고 있으니 얼마나 힘들고 지치고 아팠을까 하는 생각을 하니 시처럼 기러기 같은 마음이 되는가보다.

수많은 불면의 밤
잠 못 들고 뒤척이다
오직 한 생각으로
지금까지 왔습니다

그저 바라보는 마음
만약 내가 먼저
눈을 감아 버려도
그리움은 그대로인데

달려가면
그만큼 멀어질까
온몸 사루며

녹아내리는 가슴
재가 되더라

이만큼에 서서
모질도록 참고
또 참으며 기다립니다

—「이만큼 서서」 전문

시인의 시편들은 읽으면 읽을수록 가슴이 먹먹하게 피멍이 들고 있다. 무엇이 그를 그토록 힘들게 하고 있는지 시를 써내려갈 때 얼마나 시리고 목이 탔을까 하는 생각이 어둠마저 바래인다. 그만큼 시가 블랙커피처럼 쓰다가도 매혹되는 싸아한 그 맛과 멋의 울림이 독자들에게 사랑받는 묘미가 아닌가 하는 생각마저 들고 있다. 세상을 움직이는 힘도 사람이고 상처를 주고 기쁨을 안겨주는 이들도 사람이다. 지구의 자전과 공전을 일론 머스크 트윗 한 줄로 사람들은 비트코인을 채굴하는 영악한 세상으로 변질되고 있지만 자신을 움직이고 독자들에게 공감을 주고 소소하지만 아주 작은 풀씨 하나에도 고난과 슬픔 애환이 묻어 있다는 것을 여실히 증명해주는 다경 전영순 시인의 시편들은 쉽게 쓰이면서도 웅장한 고독의 산맥을 오르고 있는 점이다. 그는 분명 리트머스 종이처럼 순박하고 때 묻지 않았다.

화려한 외모 뒤에 숨어있는 낙천적이고도 소탈한 이면도 겸비한다.「이만큼 서서」독자들의 생각머리를 미리 점지해둔 작품이자 개성 있고 창의력이 뛰어난 낭만가인의 모습도 마디마다 눈에 들어온다. 인간미와 자연주의적인 교감의 차별화, 그만이 지닌 지성미가 더욱더 가혹한 현실 앞에 마주서는 것이다 라는 선언을 스스로 하고 있다. 성찰의 마음이 시세계의 배경이 되지만 지고지순한 순정마저 들켜버리고 싶지 않은 까닭 또한 우리를 슬프게 한다는 점을 주목한다. 모든 것이 부질없는 일이라 치부하지만 당당하고 도도한 정신세계가 그를 가만두지 않기 때문에 언어의 가림 막을 치고 있어도 빛이 나는 점들이 시인의 매력과 지성, 든 사람 된 사람 난사람의 덕목이다.

여름과 가을 사이
내가 잠든 사이
코스모스 피었나 보다

두 손바닥으로 가리고
손끝으로 스치며 산책하던 길

현란한 몸짓
연분홍 옷 차려입고
노란 빨강 고깔 쓰고
하늘하늘 유혹의 광란

서리 맞은 어린잎 몸 사리며
하늘이 높아도 품에 안고
들판은 넓어도 안을 수 있는데

당신은 미련이 남아 있어도
그 자리 머물 수 없네요

철따라 변화무쌍한 사연
실타래에 다시 감은들
이내 쓸쓸한 가을은
겨울만큼 홀로 춥습니다

—「가을」 전문

사람과 사람의 관계구성은 가을만큼 풍요롭지만 겨울에 다가서기까지 다양한 몸짓으로 이별 연습을 한다는 반전의 기법을 사용하는 시편이다. 그리움은 언제나 시인의 먼발치에서 서성이고 있을 것 같다. 유아교육을 하면서 스스로 어른 아이 같은 심성으로 물들어 갔을지도 모른다. 문학을 가까이하는 사람들은 책과 양서를 통하여 공통분모를 가지고 감성문을 통하여 소통을 하는 가슴이 따스한 사람들이라 디지털 시대에는 아주 좋은 영혼의 자양분이라 생각한다. 가을의 기도는 스스로 묻고 스스로 대답하는 자문자답의 형태이지만 시인의 가을은 특색이 깊어 무슨 생각을 하며 무슨 꿈을 꾸면서 살아가는지에 대한 서정성 깊은 의문부호를 남기려는 시의 속살이 환히 들여다보인다. 그만큼 시인의 심성은 어느 곳 하나 숨길 곳이 없으니 그동안 얼마나 시련과 고통 외로움이 쌓이고 쌓여 있었는지 짐작이 갈 만큼 시의 속살은 싸늘하고 시리다는 뜻이 함축되어 독자들의 마음읽기를 기대하는지도 모른다.

깨진 어둠 사이
따갑게 동공 찌르며
처연한 아침이 옵니다

니나노
꽃피리 소리
필리리 필리리
공허하게 한낮 달리던
청춘도 갑니다

축 처진 젖무덤 사이
품었던 자식
기러기 되어 날고
덕지덕지 붙은 사연
가슴에 품고 갑니다

세풍에
흰머리 하염없이 날리고
가까이서 들리는

당신의 부름
승천하는 가마 타고
당신을 문안합니다

—「하늘 가는 길」 전문

「하늘 가는 길」 제목만 보아도 슬픔의 무게가 느껴지는 작품이다. 시인은 응시하고 바라보는 자화상이 바로 자신임을 깨닫게 되는 형상일 수 있다. 신달자 시인의「사모곡」에서 접목되는 부분이 있어 얹어본다. 어쩌면 일맥상통하는 점이 합일치가 된다.

길에서 미열이 나면/ 하나님 하고 부르지만/ 자다가 신열이 끓으면/ 어머니/ 어머니를 불러요

아직도 몸 아프면/ 날 찾냐고 쯧쯧쯧 혀를 차시나요/ 아이구 이꼴 저꼴/ 보기 싫다시며 또 눈물 닦으시나요/ 나 몸 아파요 어머니..../ 아프다고 해라/ 아프다고 해라/ 어머니 말씀/ 가슴을 베어요... 하는 시편에서 다경 전영순 시인의 사모의 정이 절절한 이별의 통한이 감동을 주는 설움과 그리움의 교차점에서 서로 응집하고 있다. 어떤 미사여구라도 이입시키기 힘들 정도로 그만의 아련한 추억의 파편이 쿡쿡 시계바늘을 휘감아 돌리고 있음이 또렷이 보인다.

당신이 부르는 소리
외면하고 바쁜 척
늘 그랬었는데

당신은 홀연히

있는 힘 다하여
붙잡으려 했는데
매정하게 뿌리치네요

허전한 내 모습
당신 같아질 때
다시 묻습니다

당신이 하는 말
듣기나 했는지

이제 두 번 다시
안을 수도 없지만
눈 뜨면 사라지는 꿈일지라도
보고 싶습니다

어젯밤 꿈속
발 동동대며 뒤따라갔는데
힐끗 보고 다시 멀어지는
당신 모습에

울다 깬 내 얼굴
슬픈 밉상입니다

—「어머니」 전문

한 생을 사랑하고 투정하였던 어머니를 떠나보낸 뼈아픈 심사를 시로 옮겨 놓으니 어찌 그 마음이 아프지 않을까하는 마음에 오금 저리도록 그리워하는 통한의 설움이 전달이 된다. 시인의 슬픈 회한의 끝자리는 어디쯤에서 끝이 보일까하는 상상력을 총동원해 보니 답이 없이 아프고 따갑다. 어떻게 이런 여린 심성으로 지금까지 울지 않고 살아왔을지 아무 말 하지 않아도 아무런 표현이 없어도 강물 같은 그 자국들이 독자들에게 전파가 되고 있음을 가늠할 수가 있다.

지금은 눈에 넣어도 아프지 않을 두 딸의 엄마로서 하늘여행 떠나간 엄마를 떠올리는 그 마음까지도 우리를 슬프게 한다. 쓱쓱 써 내려간 시의 화두가 왜 이리 얼룩진 가슴을 에이게 하는 힘이 있는지 이승과 저승 사이 하늘의 별이 된 어머니를 그리워하면서 있는 그대로 꾸밈없이 진솔하게 피력하는 시의 결정체가 그만의 시세계에 몰입된 구성원이라 생각한다. 그의 슬픔은 아무도 풀 수 없는 수수께끼 같은 언어를 홀로 녹이고 있음이 작품마다 고스란히 보인다.

헐레벌떡 뛰어가니
뭔가를 삼키고 꿀꺽
얼굴에 핏기 없고

순간 놓치니
영원한 이별이란다

입가에 미소 멈추고
웃음기 많은 얼굴은 얼음 같고
하늘 보듯 두 눈 가지런히
멀어져가는 순간 순간들

사랑해
미안해
고마워

담배는 챙기셨나
마지막 커피
손때 묻은 동전 지갑은

알았어 엄마
그만 울게
아버지 만나고 싶다고

밥상은 차리지 말고
잔소리 더하고
예쁜 옷 차려 입고
마실도 다니고

그래 그래
그럼 진짜 보내드릴게
안녕, Good bye

— 「내 어머니」 전문

3. 깊은 고독을 승화시킨 시인의 상징성
— 시적 간결함과 철저한 견제력의 미학

다경 전영순 시인의 슬픈 자화상에서부터 언어의 물결이 강물처럼 출렁이고 있다. 그 누구도 감당할 수 없는 삶의 여정 앞에서도 흔들리지 않고 꿋꿋하고 지혜

롭게 헤쳐 나가는 여전사 같은 모습도 시를 통하여 접할 수 있어 강인한 야생초와 같은 의지력에 감탄을 금치 못한다. 시인의 참사랑과 선하디 선한 심성 속에 피어나는 언어의 묘약은 그만의 아름다운 서정성이 독특하고 고귀하다. 쉬운 것 같으면서도 쉽게 쓰러지지 않고 풋풋하고 따뜻한 아름다운 내면세계는 여전히 봄날의 햇살처럼 태동을 하고 있다는 것을 실감하고 있다. 그만이 지닌 언어에 대한 관철력과 장인정신은 절대 요동치지 않는다는 뜻이다.

다음은 무언의 침묵을 깨면서 다짐과 맹세를 하고 있는 작품을 서술하고자 한다.

다시 울지 않으려고
굳은 결심을 하지만
한 번 더
속울음 삼킨다

타들어가는
입술을 깨물며
머리를 잡고 흔들어도

오로지
보이는 것은
미로 같은 쓸쓸함

사방을 둘러보아도
영원히 타인 같은
빈 들녘의 허수아비처럼

둘 곳 없는 마음자리
쓰라리고 허허롭다

—「후회」 전문

시인의 마음은 헝클어진 실타래처럼 문득문득 많이 아프고 지친 영혼을 스스로 달래고 어르고 있으니 얼마나 절절한 외로움일까 하는 생각이 들 정도로 「후회」 시편에서는 과거와 현재에 머물고 있는 더 높은 곳을 향하여 끝없이 날고 싶은 마음도 내포되어 있다. 시적 자아의 투시된 영역들이 자신을 더더욱 올가미에 씌우고 있음이다. 시인은 누구보다 이상이 높고 빛나는 명사임을 인지하여야 한다. 천년의 시간여행을 하는 동안 현재와 과거 미래까지 골고루 함축시키려는 무언의 경지에 달관한 수도자처럼 때로는 반전의 시어들이 소롯이 눈길을 끌고 있다.

다음은 자식의 어미가 되어 투시되는 모성애의 일면을 보여주는 가식 없는 참사랑의 시편이 얼마나 살갑고 연연마다 그 사랑이 넘치고 넘치는 대목들이 눈물겹도록 따사롭다.

딸 손 잡아보니
걷잡을 수 없는
눈물이 난다

꽃다운 28살 아리따운 두 손
오늘따라 거칠다

좋은 직장 제대로 다니고 있겠지
하는 마음인데 고달픈 일상이 엿보인다

손 씻고 보습 크림 보호 장갑
이런 예쁜 짓 할 수 없는 내 딸

한참을 생각에 잠긴다
손 때문에 울지 말자
더 따뜻한 사랑으로 안아주자

다행이다, 아주 많이
살아가는 동안 너를
지켜줄 수 있는

내가 너의 엄마니까

— 「딸의 손」 전문

소중하고 사랑하는 딸의 거친 손을 만지면서 안타까워하는 엄마의 애끓은 정이 고스란히 묻어나는 아름다운 풍경이 시인의 진정성 있는 모성애를 자극하고 있다. 한 편의 시로 내포하는 시의 서정성이 그 어느 보석보다 더 빛나는 자식사랑이라 생각한다. 시인이 이토록 애정이 넘치고 사랑이 넘치니 어찌 가혹한 현실 앞에 상처받지 않고 버틸 수 있었을까 하는 생각도 해 보지만 그러하기에 시를 쓰고 시로 한탄을 하고 시로 치유하면서 지금까지 잘살아온 발자취임에는 틀림이 없다.

「딸의 손」 한 편으로 이미 시인의 사랑은 뜨겁다 못해 마그마처럼 펄펄 끓어오르는 사랑의 화신이라 말하

리라. 시인의 시세계는 주로 생활 속 세상이야기가 단편영화처럼 곱게 수놓고 있다. 다음은 어머니에 대한 사모의 정이 진솔하면서도 사무친 그리움의 간절한 몸부림이 역력히 묻어난다. 절대적인 어머니 사랑은 그 무슨 기교도 통하지 않는 오로지 그 사랑뿐이라는 것을 증명해주고 있다. 그만큼 살아생전에 너무도 큰 사랑을 받았기 때문일 것이다. 어머니는 영원히 자신의 곁에서 함께 있을 줄 알았다는 것을 암시해준다. 세상의 전부였던 엄마에게 생신날 편지를 쓰는 화자의 마음이 한 편의 시에 눈물겹도록 서술하고 있다.

다시 만날 때가 되었는데
오늘도 볼 수 없는 당신
아무리 바빠도 찬바람 불면
아침저녁 안부를 전하고 했건만
갑자기 누른 손 전화 습관이 되었나 봐

앞으로 얼마나 더 견디어야
기존의 습관이 바뀔까

온몸의 피를 다 내보내고
새로 바꾸면 생각도 달라질까
대견하게 성공한 딸처럼 생활할 수 있을까

내 몸에 성긴 구멍이 너무 많아
오른쪽 옆구리 왼쪽 옆구리
그리고 왼쪽 가슴
그래도 숨 쉬고 있네

토닥토닥 잘 자고 잘 먹고
괜찮다고 위로하고 달래어도
목구멍에서 아랫배까지
깊은 곳 위장도 너무 아프고
고통스럽다

밤마다 멍한 눈 크게 뜨고
찾으려 애를 써도
찾을 수도 없는 당신 모습

그리운 그 얼굴 두 번 다시
언약할 수 없는
이별 앞에 섰다

그리운 엄마
머지않아 생신이네요
하늘만큼 보고 싶어요..

—「엄마에게」 전문

언약할 수 없는 이별 앞에 섰다/ 그리운 엄마/ 머지않아 생신이네요/ 하늘만큼 보고 싶어요. 마지막 단락 하나로 엄마에게 보내는 하늘편지는 우주를 넘고 넘어 저세상까지 닿았을 것이라 생각하고 있다. 매끄럽고 고혹적인 시편보다 고향집 된장국처럼 구수하고 정 깊은 어머니 사랑이 깃든 편지글 시편이 못내 심금을 울리고 있다. 다경 전영순 시인의 영혼의 거리를 하늘과 얼마나 될까 하는 상념에 젖을 정도로 해설을 쓰면서 한동안 몰입되어 있다 보니 나도 모르게 시인의 삶과 함께 연결되고 있다는 착각마저 든다.

순수하고 솔직담백한 그만의 마력에 풍덩 빠지고 있는지도 모른다는 생각이 괜스레 눈물이 흐르고 있다. 꿈속에서라도 만나고 싶은 자식의 마음이 얼마나 사무친 그리움이겠는가. 누구에겐가 공감대를 형성하는 시 한 편이 읽혀진다면 분명 성공한 시인이다. 지친 삶 속에 단비처럼 살갑고 달달한 영혼의 울림은 한 잔의 은밀한 라떼 커피처럼 전율이 느껴지니까 구체적이고도 현실적인 사랑은 건조하다. 있는 그대로의 표현법은 누구나 흔치 않는 일이며 접근하기조차 쉽지가 않다. 시인의 어머니는 영원불멸의 존재로 영원히 가슴속에 살아 숨 쉬고 있으며 죽지 않는 천국의 계단을 오르는 수도자의 모습처럼 경건하다 못해 성스럽기까지 하다.

4. 유랑의 바다 슬픔을 녹이는 시의 상징성
— 시인의 사랑으로 불러보는 원초적 감성

시는 그 사람의 얼굴이자 내면의 거울이라 생각한다. 다경 전영순 시인의 시집『엄마는 그랬단다』에서는 승화된 언어 밖의 이승과 저승의 거리에서 넘나드는 불나비와 같다. 사유와 은유의 세계를 자유롭게 날아다니면서도 목마른 사슴처럼 늘 슬픔과 고독을 끌어안고 놓아주지 않는다. 이 세상에 영원한 것은 없다는 것을 잘 인지하면서도 화자는 무작정 부정적인 시선으로 엄마를 찾아다니고 있다. 연화묘법의 세계처럼 아직도 함께 동고동락을 하고 있는지 모른다. 이제 떠나보

낼 때도 된 시점에 와서 회자정리 생자필멸의 운명에 순응하는 어른아이로 소생하는 모습이다. 시집 중에서 가장 간결하고 짧은 함축된 시 한 편이 눈에 들어왔다.

나 요즘 들어
왜 자꾸 실실대지

서로 하나 되어
방실방실
마주 보고 있네

—「연인」 전문

모처럼 밝고 맑은 숨결 속에 꺼내어 준 시편이라 기분까지도 삼삼한 울림에 젖어든다. 바로 다경 전영순 시인의 실제 본능의 순진무구한 천사 같은 모습이다 하고 단언하고 싶은 구절이라 마냥 실실 방실방실 단어가 통통 튀는 물방울 같기도 하고 사이다 맛처럼 톡톡 쏘면서도 시원하게 다가왔다. 시인의 시세계를 가까이하면 할수록 현실과는 동떨어진 순수하고 때 묻지 않는 역경이 더더욱 안타깝고 먹먹할 뿐이다. 우리네 세상 민심도 시인의 영혼처럼 푸르고 맑고 다정다감한 성품이라면 얼마나 좋으련만 부모님을 여의고 막막한 세상 밖에 여리디 여린 소녀가 길을 잃은 사슴처럼 아파하고 슬퍼하는 모습들이 그림처럼 펼쳐지는 시편 속에서 아직도 정과 정이 모여 사는 아름답고 슬픈 풍경이 왠지 싫지 않음에 가슴 한편에 전율이 오는 것이 감지되었다. 다경 전영순 시인의 시집 서문에서 유추해

보면서 서막을 내리고자 한다.

오늘도 나는 여전히 외롭고 서럽다고
오는 사람 가는 사람마다
붙잡고 위로받고 싶어서 안달이다

이 나이 되어보니 더 그런다

그런 날 쌓이더니
쓸데없는 말도 모래성처럼 쌓인다

하루를 반성하면
어김없이 그 하루를 응원해주던
나의 분신 일기장

내겐 더 강한 응원과 파이팅이 필요하고
쓰다 보니 아픔이 우선이다

그래서 내 힘도 채우고 함께 동행할 수 있는
기록을 찾아 정리하고자
영혼의 창(窓)을 활짝 열었다

—「서문」 전문

다경 전영순 시인의 첫 시집『엄마는 그랬단다』이 한 권의 시집을 세상에 내놓기까지 얼마를 망설였을까 생각하니 짠하고 아린 것이 사실이다. 엄마의 숨결이 아직도 체온 속에 감겨드는 실타래처럼 남아 있을 우리 모두의 애환이 시집 속에 묻어있어 모든 독자들에게 공감대를 형성하고 엄마라는 그 이름 하나만으로도 충분히 이 시집의 화자인 시인의 마음을 헤아릴 수 있을 것이다. 딸들에게 보내는 메시지가 모든 엄마들의 염원일지도 모른다. 훌륭한 삶의 역군으로 묵묵히 잘 살아온 시인에게 큰 박수갈채를 보내고 싶은 마음 간절하다.

서로 힘들 때 위로받고 품어주는 사람은 엄마다. 우리 삶의 모태이자 뿌리 깊은 나무 같은 존재이다. 이름만 불러 봐도 금방 눈시울이 시큰해지는 이유는 한국적 정서와 시인의 영혼이 합일치 되는 대목이라 생각하면서 이 시집으로 하늘여행길 떠나신 어머니를 이제 편히 놓아주는 연습 또한 치유의 좋은 방법이라 생각한다. 매사 모든 일에 최선을 다하는 화자의 울림이 세세연년 하늘가에 노을빛처럼 젖어들기를 소망하면서 독자들에게 뜨거운 위로와 사랑으로 결실을 맺기 바란다. 다시 한 번 시집 상재를 축하하면서 더욱더 성숙하고 멋진 모습으로 밝고 맑고 아름답고 풍요로운 수채화처럼 향기로운 작품 속에서 다시 만나기를 기원하는 바이다.

김치 볶음밥
엄마
맛있게 먹어요
예쁜엄마
사랑해
김치볶음방

문학세계대표작가선 981

엄마는 그랬단다

전영순 시집

인쇄 1판 1쇄 2022년 12월 9일
발행 1판 1쇄 2022년 12월 16일

지 은 이 : 전영순
펴 낸 이 : 김천우
펴 낸 곳 : 도서출판 천우
등 록 : 1992. 2. 15. 제1-1307호
주 소 : 서울시 성동구 무학봉28길 6 금용빌딩 2F
전 화 : 02)2298-7661
팩 스 : 02)2298-7665
http://blog.naver.com/cw7661
E-mail : cw7661@naver.com

값 15,000원

ISBN 978-89-7954-885-3